REPÚBLICA SURDA

ILYA KAMINSKY

República surda

Poemas

Tradução
Maria Cecilia Brandi

COMPANHIA DAS LETRAS

Grafia atualizada segundo o Acordo Ortográfico da Língua Portuguesa de 1990, que entrou em vigor no Brasil em 2009.

Título original
Deaf Republic

Capa
Felipe Sabatini e Nina Farkas/ Gabinete Gráfico

Ilustrações de miolo
Jennifer Whitten

Preparação
Gabriele Fernandes

Revisão
Ana Maria Barbosa
Angela das Neves

Dados Internacionais de Catalogação na Publicação (CIP)
(Câmara Brasileira do Livro, SP, Brasil)

Kaminsky, Ilya
República surda: Poemas / Ilya Kaminsky ; tradução Maria Cecilia Brandi. — 1ª ed. — São Paulo : Companhia das Letras, 2023.

Título original: Deaf Republic.
ISBN 978-65-5921-523-2

1. Poesia norte-americana. I. Título.

23-145114   CDD-811.3

Índice para catálogo sistemático:
1. Poesia : Literatura norte-americana 811.3

Aline Graziele Benitez – Bibliotecária – CRB-1/3129

Todos os direitos desta edição reservados à
EDITORA SCHWARCZ S.A.
Rua Bandeira Paulista, 702, cj. 32
04532-002 — São Paulo — SP
Telefone: (11) 3707-3500
www.companhiadasletras.com.br
www.blogdacompanhia.com.br
facebook.com/companhiadasletras
instagram.com/companhiadasletras
twitter.com/cialetras

In Memory of Ella and Viktor Kaminsky
For Katie Farris

Em memória de Ella e Viktor Kaminsky
Para Katie Farris

Sumário

We Lived Happily during the War

And when they bombed other people's houses, we

protested
but not enough, we opposed them but not

enough. I was
in my bed, around my bed America

was falling: invisible house by invisible house by invisible house—

I took a chair outside and watched the sun.

In the sixth month
of a disastrous reign in the house of money

in the street of money in the city of money in the country of money,
our great country of money, we (forgive us)

lived happily during the war.

Vivemos felizes durante a guerra

E quando bombardearam as casas dos outros, nós

protestamos
mas não o bastante, nos opusemos mas não

o bastante. Eu estava
em minha cama, ao redor dela os Estados Unidos

desabavam: casa invisível após casa invisível após casa
[invisível —

Levei uma cadeira para fora e olhei o sol.

No sexto mês
de um reinado desastroso na casa do dinheiro

na rua do dinheiro na cidade do dinheiro no país do dinheiro,
nosso incrível país do dinheiro, nós (perdoem-nos)

vivemos felizes durante a guerra.

REPÚBLICA SURDA
DEAF REPUBLIC

Dramatis Personae

TOWNSPEOPLE OF VASENKA—*the chorus, "we" who tell the story, and on balconies, the wind fondles laundry lines.*

ALFONSO BARABINSKI—*puppeteer, Sonya's newlywed husband, and the "I" of Act One.*
SONYA BARABINSKI—*Vasenka's best puppeteer, Alfonso's newlywed wife, and pregnant.*
CHILD—*inside Sonya, seahorse-sized, sleeping, and later, Anushka.*
PETYA—*deaf boy, Sonya's cousin.*

MOMMA GALYA ARMOLINSKAYA—*puppet theater owner, instigates insurgency, and the "I" of Act Two.*
GALYA'S PUPPETEERS—*teach signs from the theater balcony, as if regulating traffic:*
  for Soldier—*finger like a beak pecks one eye.*
  for Snitch—*fingers peck both eyes.*
  for Army Jeep—*clenched fist moves forward.*

SOLDIERS—*arrive in Vasenka to "protect our freedom," speaking a language no one understands.*
PUPPETS—*hang on doors and porches of the families of the arrested, except for one puppet lying on the cement: a middle-aged woman wearing a child like a broken arm, her mouth filling with snow.*

Dramatis Personae

MORADORES DA CIDADE DE VASENKA — o coro, "nós" que contamos a história, e nas sacadas o vento afaga varais de roupa lavada.

ALFONSO BARABINSKI — marionetista, recém-casado com Sonya e é o "eu" do Primeiro Ato.

SONYA BARABINSKI — melhor marionetista de Vasenka, recém--casada com Alfonso e está grávida.

BEBÊ — dormindo dentro de Sonya, é do tamanho de um cavalo--marinho e, depois, Anushka.

PETYA — menino surdo, primo de Sonya.

MAMÃE GALYA ARMOLINSKAYA — dona do teatro de marionetes, instiga a insurgência e é o "eu" do Segundo Ato.

MARIONETISTAS DE GALYA — da sacada do teatro, ensinam a língua de sinais, como se estivessem controlando o tráfego:
para *Soldado* — dedo em forma de bico bicando um olho.
para *Dedo-duro* — dedos bicando os dois olhos.
para *Jipe do Exército* — punho cerrado se movendo para a frente.

SOLDADOS — chegam a Vasenka para "proteger nossa liberdade", falando uma língua que ninguém entende.

MARIONETES — penduradas nas portas e varandas das famílias dos presos, à exceção de uma marionete, estirada no cimento: uma mulher de meia-idade carregando uma criança como se fosse um braço quebrado, sua boca cheia de neve.

ACT ONE
The Townspeople Tell the Story of Sonya and Alfonso

PRIMEIRO ATO
Os moradores da cidade contam a história
de Sonya e Alfonso

Town
Cidade

Gunshot

Our country is the stage.

When soldiers march into town, public assemblies are officially prohibited. But today, neighbors flock to the piano music from Sonya and Alfonso's puppet show in Central Square. Some of us have climbed up into trees, others hide behind benches and telegraph poles.

When Petya, the deaf boy in the front row, sneezes, the sergeant puppet collapses, shrieking. He stands up again, snorts, shakes his fist at the laughing audience.

An army jeep swerves into the square, disgorging its own Sergeant.

Disperse immediately!

Disperse immediately! *the puppet mimics in a wooden falsetto.*

Everyone freezes except Petya, who keeps giggling. Someone claps a hand over his mouth. The Sergeant turns toward the boy, raising his finger.

You!

You! *the puppet raises a finger.*

Sonya watches her puppet, the puppet watches the Sergeant, the Sergeant watches Sonya and Alfonso, but the rest of us watch Petya lean back, gather all the spit in his throat, and launch it at the Sergeant.

The sound we do not hear lifts the gulls off the water.

Tiro

Nosso país é o palco.

Quando os soldados marcham em direção à cidade, aglomerações públicas são oficialmente proibidas. Mas hoje os vizinhos estão reunidos na praça Central, ao som do piano, no espetáculo de marionetes de Sonya e Alfonso. Alguns de nós subiram em árvores, outros se esconderam atrás de bancos e postes telegráficos.

Quando Petya, o menino surdo na fileira da frente, espirra, a marionete de sargento se estatela gemendo. Logo volta a se levantar, bufa e mexe os punhos, ameaçando a plateia que está rindo.

Um jipe do Exército dá uma guinada e entra na praça, lá despachando o seu próprio Sargento.

Dispersar imediatamente!

Dispersar imediatamente! — a marionete gesticula em falsete de madeira.

Todos gelam, exceto Petya, que continua soltando risadinhas. Alguém tapa a boca dele. O Sargento se vira para o menino, erguendo o dedo.

Você!

Você! — a marionete ergue o dedo.

Sonya olha para sua marionete, a marionete olha para o Sargento, o Sargento olha para Sonya e Alfonso, mas o restante de nós está olhando para Petya, que reclina a cabeça, junta toda a saliva de sua garganta e dá uma cusparada no Sargento.

O som que não ouvimos faz as gaivotas na água alçarem voo.

As Soldiers March, Alfonso Covers the Boy's Face with a Newspaper

Fourteen people, most of us strangers,
watch Sonya kneel by Petya

shot in the middle of the street.
She picks up his spectacles shining like two coins, balances them on
[his nose.

Observe this moment
—how it convulses—

Snow falls and the dogs run into the streets like medics.

Fourteen of us watch:
Sonya kisses his forehead—her shout a hole

torn in the sky, it shimmers the park benches, porchlights.
We see in Sonya's open mouth

the nakedness
of a whole nation.

She stretches out
beside the little snowman napping in the middle of the street.

As picking up its belly the country runs.

Enquanto os soldados marcham, Alfonso cobre o rosto do menino com jornal

Catorze pessoas, quase todos nós desconhecidos,
olhamos Sonya ajoelhada ao lado de Petya

baleado no meio da rua.
Ela apanha os óculos, que brilham como duas moedas,
[equilibra-os no nariz dele.

Observe este momento
— tudo convulsiona —

A neve cai e os cães correm pelas ruas feito enfermeiros.

Somos catorze olhando:
Sonya beija a testa dele — seu grito é um buraco

rasgado no céu, faz tremeluzir os bancos do parque, as luzes
[da varanda.
Vemos na boca aberta de Sonya

a nudez
de toda uma nação.

Ela se estira
ao lado do bonequinho de neve que cochila no meio da rua.

Enquanto cata a barriga dele, o país dispara.

Alfonso, in Snow

You are alive, *I whisper to myself,* therefore something in you
[listens.

Something runs down the street, falls, fails to get up.
I run etcetera with my legs and my hands behind
my pregnant wife etcetera down Vasenka Street I run it
only takes a few minutes etcetera to make a man.

Alfonso, na neve

Você está vivo, sussurro para mim mesmo, *então algo em você*
[*escuta.*

Alguma coisa é atropelada na rua, cai, não consegue se
[levantar.

Eu corro et cetera com minhas pernas e mãos atrás
da minha esposa grávida et cetera pela rua Vasenka eu desço
leva só uns minutinhos et cetera para se tornar um homem.

Deafness, an Insurgency, Begins

Our country woke up next morning and refused to hear soldiers.

In the name of Petya, we refuse.

At six a.m., when soldiers compliment girls in the alleyway, the girls slide by, pointing to their ears. At eight, the bakery door is shut in soldier Ivanoff's face, though he's their best customer. At ten, Momma Galya chalks NO ONE HEARS YOU on the gates of the soldiers' barracks.

By eleven a.m., arrests begin.

Our hearing doesn't weaken, but something silent in us strengthens.

After curfew, families of the arrested hang homemade puppets out of their windows. The streets empty but for the squeaks of strings and the tap tap, *against the buildings, of wooden fists and feet.*

In the ears of the town, snow falls.

Town

Começa a surdez, uma insurgência

Nosso país acordou no dia seguinte e se negou a ouvir os
[soldados.
Em nome de Petya, nos negamos.
Às seis da manhã, quando os soldados elogiam as garotas
na ruela, elas se esquivam, apontando para as orelhas. Às oito,
a porta da padaria fecha na cara do soldado Ivanoff, embora
ele seja o melhor cliente. Às dez, Mamãe Galya escreve NINGUÉM
PODE OUVIR VOCÊS nos portões do quartel dos soldados.
Antes das onze, as pessoas começam a ser presas.
Nossa audição não diminui, mas algo silencioso se
[fortalece em nós.
Após o toque de recolher, as famílias dos presos penduram
marionetes artesanais nas janelas. As ruas esvaziam, a não ser
pelo rangido das cordas e o *toc toc* dos pés e punhos de madeira
batendo nos prédios.

Nos ouvidos da cidade, a neve cai.

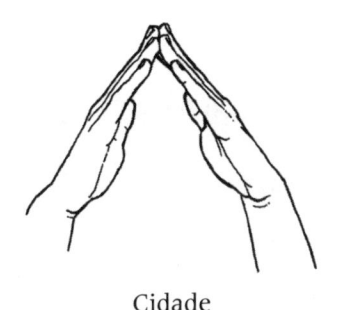

Cidade

Alfonso Stands Answerable

My people, you were really something fucking fine
on the morning of first arrests:

our men, once frightened, bound to their beds, now stand up like
                                        [human masts—
deafness passes through us like a police whistle.

Here then I
testify:

each of us
comes home, shouts at a wall, at a stove, at a refrigerator, at himself.
                                        [Forgive me, I

was not honest with you,
life—

to you I stand answerable.
I run etcetera with my legs and my hands etcetera I run down
                                        [Vasenka Street etcetera—

Whoever listens:
thank you for the feather on my tongue,

thank you for our argument that ends, thank you for deafness,
Lord, such fire

from a match you never lit.

Alfonso é o responsável

Meu povo, vocês foram mesmo muito foda
na manhã das primeiras prisões:

nossos homens, antes amedrontados, atados às camas, agora
                    [se levantam como mastros humanos —
a surdez nos atravessa como um apito policial.

Aqui declaro
então:

cada um de nós
chega em casa, grita com a parede, o fogão, a geladeira, consigo
                    [próprio. Perdoe-me, eu

não fui honesto com você,
vida —

para você eu sou o responsável.
Eu corro et cetera com minhas pernas e mãos et cetera desço
                    [a rua Vasenka correndo et cetera —

Quem quer que esteja ouvindo:
obrigado pela pluma em minha língua,

obrigado por nossa discussão terminada, obrigado pela surdez,
Senhor, esse fogo

de um fósforo por ti nunca aceso.

That Map of Bone and Opened Valves

I watched the Sergeant aim, the deaf boy take iron and fire in his
                                                              [mouth—
his face on the asphalt,
that map of bone and opened valves.
It's the air. Something in the air wants us too much.
The earth is still.
The tower guards eat cucumber sandwiches.
This first day
soldiers examine the ears of bartenders, accountants, soldiers—
the wicked things silence does to soldiers.
They tear Gora's wife from her bed like a door off a bus.
Observe this moment
—how it convulses—
The body of the boy lies on the asphalt like a paperclip.
The body of the boy lies on the asphalt
like the body of a boy.
I touch the walls, feel the pulse of the house, and I
stare up wordless and do not know why I am alive.
We tiptoe this city,
Sonya and I,
between theaters and gardens and wrought-iron gates—
Be courageous, *we say, but no one*
is courageous, as a sound we do not hear
lifts the birds off the water.

Aquele mapa de osso e válvulas abertas

Vi o Sargento mirar, o menino surdo engolir ferro e fogo —
[seu rosto no asfalto,
aquele mapa de osso e válvulas abertas.
É o ar. Alguma coisa no ar nos quer demais.
A terra está quieta.
Os vigias da torre comem sanduíches de pepino.
Neste primeiro dia
soldados examinam os ouvidos de atendentes de bar,
[contadores, soldados —
as coisas cruéis que o silêncio faz aos soldados.
Arrancam da cama a esposa de Gora como se arrancassem a
[porta de um ônibus.
Observe este momento
— tudo convulsiona —
O corpo do menino jaz no asfalto como um clipe de papel.
O corpo do menino jaz no asfalto
como o corpo de um menino.
Eu toco as paredes, sinto o pulso da casa e olho
para cima emudecido sem saber por que estou vivo.
Andamos pela cidade na ponta dos pés,
Sonya e eu,
entre teatros, jardins, portões de ferro forjado —
Seja corajoso, dizemos, mas ninguém
é corajoso, enquanto um som que não ouvimos
faz os pássaros na água alçarem voo.

The Townspeople Circle the Boy's Body

The dead boy's body still lies in the square.

Sonya spoons him on the cement. Inside her—her child sleeps. Momma Galya brings Sonya a pillow. A man in a wheelchair brings a gallon of milk.

Alfonso lies next to them in the snow. Wraps one arm around her belly. He puts one hand to the ground. He hears the cars stop, doors slam, dogs bark. When he pulls his hand off the ground, he hears nothing.

Behind them, a puppet lies on cement, mouth filling with snow.

Forty minutes later, it is morning. Soldiers step back into the square.

The townspeople lock arms to form a circle and another circle around that circle and another circle to keep the soldiers from the boy's body.

We watch Sonya stand (the child inside her straightens its leg). Someone has given her a sign, which she holds high above her head: THE PEOPLE ARE DEAF.

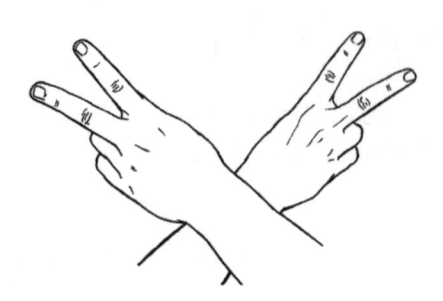

The town watches

Os moradores da cidade cercam o corpo do menino

O corpo do menino morto ainda jaz na praça.

Sonya o abraça por trás, no cimento. Dentro dela, dorme a bebê. Mamãe Galya leva um travesseiro para Sonya. Um homem de cadeira de rodas leva um galão de leite.

Alfonso se deita ao lado deles na neve. Envolve um braço na barriga de Sonya. Põe a outra mão no chão. Ouve carros parando, portas batendo, cães latindo. Quando tira a mão do chão, não ouve nada.

Atrás deles, uma marionete está estendida no cimento, a boca se enchendo de neve.

Quarenta minutos depois, amanhece. Os soldados retornam à praça.

Os moradores da cidade cruzam os braços entre si formando um círculo fechado, e outro círculo ao redor desse, e mais outro círculo para manter os soldados longe do corpo do menino.

Vemos Sonya se levantar (a bebê dentro dela estica a perna). Alguém lhe deu uma placa, que ela ergue muito acima da cabeça: O POVO ESTÁ SURDO.

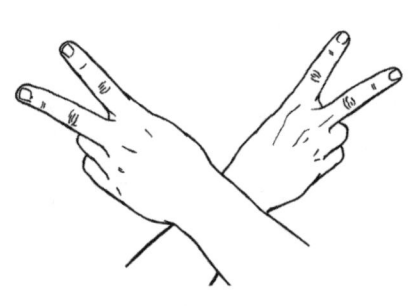

A cidade assiste

Of Weddings before the War

Yes, I bought you a wedding dress big enough for the two of us
and in the taxi home
we kissed a coin from your mouth to mine.

The landlady might've noticed
a drizzle of stains on the sheets—
angels could do it more neatly

but they don't. I can still climb your
underwear, my ass
is smaller than yours!

You pat my cheek,
beam—
may you win the lottery and spend it all on doctors!

You are two fingers more beautiful than any other woman—
I am not a poet, Sonya,
I want to live in your hair.

You leapt on my back, I
ran to the shower,
and yes, I slipped on the wet floor—

I watched you gleam in the shower
holding your
breasts in your hand—

two small explosions.

Dos casamentos antes da guerra

É, comprei para você um vestido de noiva que caberia em
[nós dois
e no táxi para casa
beijamos uma moeda, da sua boca pra minha.

A proprietária deve ter visto
manchas salpicadas nos lençóis —
os anjos seriam mais zelosos

já eles, não. Ainda sou capaz de escalar sua
calcinha, *meu rabo*
é menor que o seu!

Você dá tapinhas em meu traseiro,
Sorri —
que você ganhe na loteria e gaste tudo com médicos!

Você é dois dedos mais bela do que qualquer outra mulher —
não sou poeta, Sonya,
quero morar nos seus cabelos.

Você pulou nas minhas costas, eu
corri para o chuveiro,
e, sim, derrapei no chão molhado —

Vi você brilhar no chuveiro
segurando seus
seios nas mãos —

duas pequenas explosões.

Still Newlyweds

You step out of the shower and the entire nation calms—

a drop of lemon-egg shampoo,
you smell like bees,

a brief kiss,
I don't know anything about you—except the spray of freckles
                                    [on your shoulders!

which makes me feel so thrillingly

alone.
I stand on earth in my pajamas,

penis sticking out—
for years

in your direction.

Ainda recém-casados

Você sai do chuveiro e toda a nação se acalma —

uma gota de xampu de ovo e limão,
você com cheiro de abelha,

um beijo breve,
não sei nada de você, só das sardas polvilhadas em seus
[ombros!

o que faz eu me sentir alegremente

só.
Fico de pé, de pijama,

pênis saliente —
anos a fio

na sua direção.

Soldiers Aim at Us

They fire
as the crowd of women flees inside the nostrils of searchlights

—may God have a photograph of this—

in the piazza's bright air, soldiers drag Petya's body and his head
bangs the stairs. I

feel through my wife's shirt the shape
of our child.

Soldiers drag Petya up the stairs and homeless dogs, thin as
                                        [philosophers,
understand everything and bark and bark.

I, now on the bridge, with no camouflage of speech, a body
wrapping the body of my pregnant wife—

Tonight
we don't die and don't die,

the earth is still,
a helicopter eyeballs my wife—

On earth
a man cannot flip a finger at the sky

because each man is already
a finger flipped at the sky.

Soldados miram em nós

Eles atiram
enquanto a multidão de mulheres foge para as narinas
[dos canhões de luz

— que Deus tenha uma fotografia disso —

na claridade da piazza, soldados arrastam o corpo de Petya
[e sua cabeça
dá pancadas nos degraus. Eu

sinto sob a camisa da minha esposa a forma
da nossa filha.

Soldados arrastam Petya escada acima, e cães abandonados,
magros como filósofos, entendem tudo e latem e latem.

Eu, agora na ponte, sem camuflar a fala, um corpo
envolvendo o corpo da minha esposa grávida —

Esta noite
nós não morremos e não morremos,

a terra está quieta,
um helicóptero observa a minha esposa —

Na terra
um homem não pode mostrar o dedo para o céu

porque cada homem já é
um dedo virado para o céu.

Army convoy
Comboio do Exército

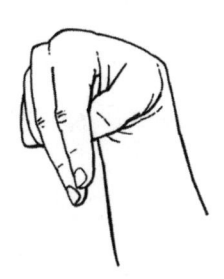

Hide
Esconder

Checkpoints

In the streets, soldiers install hearing checkpoints and nail announcements on posts and doors:

> *DEAFNESS IS A CONTAGIOUS DISEASE. FOR YOUR OWN PROTECTION ALL SUBJECTS IN CONTAMINATED AREAS MUST SURRENDER TO BE QUARANTINED WITHIN 24 HOURS!*

Sonya and Alfonso teach signs in Central Square. When a patrol walks by, they sit on their hands. We see the Sergeant stop a woman on her way to the market, but she cannot hear. He loads her into a truck. He stops another. She does not hear. He loads her into a truck. A third points to her ears.

In these avenues, deafness is our only barricade.

Postos de inspeção

Nas ruas, os soldados instalam postos de inspeção auditiva e pregam anúncios em postes e portas:

A SURDEZ É UMA DOENÇA CONTAGIOSA. PARA SUA PRÓPRIA PROTE-ÇÃO, TODOS QUE ESTIVEREM EM ÁREAS CONTAMINADAS DEVEM SE APRESENTAR PARA ENTRAR EM QUARENTENA DENTRO DE 24 HORAS!

Sonya e Alfonso ensinam a língua de sinais na praça Central. Quando passa uma patrulha, eles se sentam sobre as mãos. Vemos o Sargento abordar uma mulher a caminho do mercado, mas ela não pode ouvir. Ele a carrega para um caminhão. Ele aborda outra. Ela não ouve. Ele a carrega para um caminhão. Uma terceira aponta para os próprios ouvidos.

Nessas avenidas, a surdez é nossa única barricada.

Before the War, We Made a Child

I kissed a woman
whose freckles
arouse the neighbors.

She had a mole on her shoulder
which she displayed
like a medal for bravery.

Her trembling lips
meant come to bed.
Her hair waterfalling in the middle

of the conversation meant
come to bed.
I walked in my barbershop of thoughts.

Yes, I thieved her off to bed on the chair
of my hairy arms—
but parted lips

meant bite my parted lips.
Lying under the cool
sheets. Sonya!

The things we did.

Antes da guerra, fizemos uma filha

Beijei uma mulher
cujas sardas
excitam os vizinhos.

Ela tinha uma pinta no ombro
que exibia como se fosse
uma medalha por bravura.

Seus lábios trêmulos
indicavam *vem pra cama.*
Seus cabelos escorrendo em cascatas no meio

da conversa indicava
vem pra cama.
Andei na barbearia dos meus pensamentos.

Sim, a raptei pra cama na cadeira
dos meus braços peludos —
mas lábios entreabertos

indicavam *morda meus lábios entreabertos.*
Deitada sob os lençóis
frescos. Sonya!

As coisas que fizemos.

As Soldiers Choke the Stairwell

As soldiers stomp up the stairs—
my wife's
painted fingernail scratches

and scratches
the skin off her leg, and I feel
the hardness of bone underneath.

It gives me faith.

Enquanto os soldados congestionam a escada

Enquanto os soldados pisoteiam os degraus —
a unha pintada
da minha esposa lasca

e lasca
a pele da perna dela, e eu sinto
a dureza do osso por baixo.

Isso me dá fé.

4 a.m. Bombardment

My body runs in Arlemovsk Street, my clothes in a pillowcase:
I look for a man who looks
exactly like me, to give him my Sonya, my name, my shirt—
It has begun: neighbors climb the trolleys
at the fish market, breaking all
their moments in half. Trolleys burst like intestines in the sun—

Pavel shouts, I am so fucking beautiful I cannot stand it!
Two boys still holding tomato sandwiches
hop in the trolley's light, soldiers aim at their faces. Their ears.
I can't find my wife, where is my pregnant wife?
I, a body, adult male, awaits to
explode like a hand grenade.

It has begun: I see the blue canary of my country
pick breadcrumbs from each citizen's eyes—
pick breadcrumbs from my neighbors' hair—
the snow leaves the earth and falls straight up as it should—
to have a country, so important—
to run into walls, into streetlights, into loved ones, as one should—
The blue canary of my country

Bombardeio às quatro da manhã

Meu corpo corre pela rua Arlemovsk, minhas roupas numa
[fronha:
procuro um homem que seja
igual a mim, para lhe dar minha Sonya, meu nome, minha
[camisa —
Já começou: os vizinhos sobem nos carrinhos
do mercado de peixe, partindo ao meio
todos os seus momentos. Os carrinhos explodem como
[intestinos ao sol —

Pavel grita, *porra, eu sou tão lindo que não aguento!*
Dois meninos que ainda seguram sanduíches de tomate
pulam de um pé só nas chamas do carrinho, soldados miram
[o rosto deles. Suas orelhas.
Não consigo encontrar minha esposa, onde está minha esposa
[grávida?
Eu, um corpo, masculino e adulto, esperando
explodir como uma granada de mão.

Já começou: vejo o canário azul do meu país
bicar migalhas de pão dos olhos de cada cidadão —
bicar migalhas de pão dos cabelos dos meus vizinhos —
a neve se eleva do solo e cai para cima, como deve ser —
ter um país, tão importante —
dar de cara com paredes, postes de luz, entes queridos, como
[deve ser —
O canário azul do meu país

runs into walls, into streetlights, into loved ones—
The blue canary of my country
watches their legs as they run and fall.

dá de cara com paredes, postes de luz, entes queridos —
O canário azul do meu país
olha para as pernas deles, enquanto correm e caem.

Arrival

You arrive at noon, little daughter, weighing only six pounds. Sonya sets you atop the piano and plays a lullaby no one hears. In the nursery, quiet hisses like a match dropped in water.

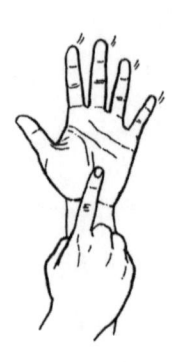

Match

Chegada

Você chega ao meio-dia, filhotinha, pesando menos de três quilos. Sonya põe você sobre o piano e toca uma cantiga de ninar que ninguém ouve. No berçário, o silêncio sibila como um fósforo que cai na água.

Fósforo

Lullaby

Little daughter
rainwater

snow and branches protect you
whitewashed walls

and neighbors' hands all
Child of my Aprils

little earth of
six pounds

my white hair
keeps your sleep lit

Cantiga de ninar

Filhotinha
Pingo de chuvinha

A neve e os galhos protegem você
paredes caiadas

como as mãos dos vizinhos
Criança dos meus abris

Pequena terra de
nem três quilos

meus cabelos brancos
a luzir seu sono

Question

What is a child?
A quiet between two bombardments.

Pergunta

O que é uma criança?
Um sossego entre dois bombardeios.

While the Child Sleeps, Sonya Undresses

She scrubs me until I spit
soapy water.
Pig, *she smiles.*

A man should smell better than his country—
such is the silence
of a woman who speaks against silence, knowing

silence moves us to speak.
She throws my shoes
and glasses in the air,

I am of deaf people
and I have
no country but a bathtub and an infant and a marriage bed!

Soaping together
is sacred to us.
Washing each other's shoulders.

You can fuck
anyone—but with whom can you sit
in water?

Enquanto a criança dorme, Sonya se despe

Ela me esfrega até que cuspo
água e sabão.
Porco, ela sorri.

Um homem deve cheirar melhor que seu país —
tal é o silêncio
de uma mulher que fala contra o silêncio, sabendo que

o silêncio nos incita a falar.
Ela lança meus sapatos
e óculos no ar,

Sou do povo surdo
e não tenho
nenhum país senão uma banheira, uma bebê e uma cama de casal!

É sagrado nos
ensaboarmos juntos.
Lavar os ombros um do outro.

Você pode foder
seja lá quem for — mas com quem você pode se sentar
na água?

A Cigarette

Watch—
Vasenka citizens do not know they are evidence of happiness.

In a time of war,
each is a ripped-out document of laughter.

Watch, God—
deaf have something to tell
that not even they can hear.

Climb a roof in Central Square of this bombarded city, you will see—
one neighbor thieves a cigarette,
another gives a dog
a pint of sunlit beer.

You will find me, God,
like a dumb pigeon's beak, I am
pecking
every which way at astonishment.

Um cigarro

Veja —
os cidadãos de Vasenka não sabem que são a prova da
                                    [felicidade.

Em tempos de guerra,
cada um é um atestado do riso rasgado.

Veja, Deus —
os surdos têm algo a dizer
que nem eles podem ouvir.

Sobe num telhado na praça Central desta cidade
                        [bombardeada, tu verás —
um vizinho rouba um cigarro,
outro dá ao cachorro
um copo da cerveja morna.

Hás de me encontrar, Deus,
como o bico de um pombo tolo, estou
bicando
em todas as direções, atônito.

A Dog Sniffs

Morning.
In a bombed-out street, wind moves the lips of a politician on a poster. Inside, the child Sonya named Anushka suckles. Not sleeping, Alfonso touches his wife's nipple, pulls to his lips a pearl of milk.

Evening.
As Alfonso steps onto Tedna Street in search of bread, the wind brittles his body. Four jeeps pull onto the curb: Sonya is stolen into a jeep as Anushka cries, left behind as the convoy rattles away. The neighbors peek from behind curtains. Silence like a dog sniffs the windowpanes between us.

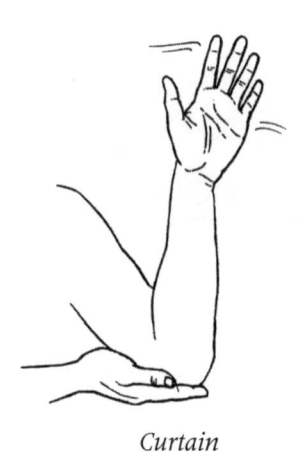

Curtain

Um cão fareja

Manhã.
Em uma rua bombardeada, o vento remexe os lábios de um político num cartaz. Do lado de dentro, a criança a quem Sonya deu o nome de Anushka está mamando. Sem poder dormir, Alfonso toca o mamilo da esposa, leva aos lábios uma gota de leite.

Tarde.
Quando Alfonso entra na rua Tedna em busca de pão, o vento verga seu corpo. Quatro jipes encostam no meio-fio: Sonya é levada em um jipe enquanto Anushka chora, abandonada quando o comboio se afasta. Os vizinhos espiam por trás das cortinas. O silêncio, como um cão, fareja as vidraças entre nós.

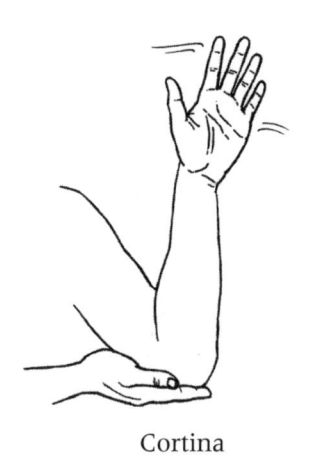

Cortina

What We Cannot Hear

They shove Sonya into the army jeep
one morning, one morning, one morning in May, one dime-bright
                                                        [morning—

they shove her
and she zigzags and turns and trips in silence

which is a soul's noise.
Sonya, who once said, On the day of my arrest I will be playing
                                                        [piano.

We watch four men
shove her—

and we think we see hundreds of old pianos forming a bridge
from Arlemovsk to Tedna Street, and she

waits at each piano—
and what remains of her is

a puppet
that speaks with its fingers,

what remains of a puppet is this woman, what remains
of her (they took you, Sonya)—the voice we cannot hear—is the
                                                        [clearest voice.

O que não podemos ouvir

Empurram Sonya para dentro do jipe do Exército
uma manhã, uma manhã, manhã de maio, manhã brilhante
[que nem moeda —

empurram-na
e ela ziguezagueia e se retorce e tropica no silêncio

que é o ruído da alma.
Sonya disse certa vez: *No dia em que for presa, estarei tocando*
[*piano.*

Vemos quatro homens
empurrando-a —

e supomos ver centenas de pianos antigos formando uma ponte
da rua Arlemovsk à Tedna, e ela

espera em cada piano —
e o que resta dela é

uma marionete
que fala com os próprios dedos,

o que resta de uma marionete é essa mulher, o que resta
dela (levaram você, Sonya) — a voz que não podemos ouvir
[— é a mais límpida voz.

Central Square

The arrested are made to walk with their arms raised up. As if they are about to leave the earth and are trying out the wind.

For an apple a peek, soldiers display Sonya, naked, under a TROOPS ARE FIGHTING FOR YOUR FREEDOM poster. Snow swirls in her nostrils. Soldiers circle her eyes with a red pencil. The young soldier aims in the red circle. Spits. Another aims. Spits. The town watches. Around her neck a sign: I RESISTED ARREST.

Sonya looks straight ahead, to where the soldiers are lined up. Suddenly, out of this silence comes her voice, Ready! *The soldiers raise their rifles on her command.*

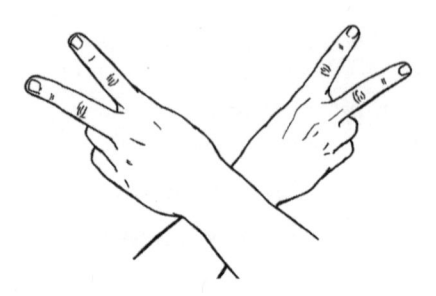

The town watches

Praça Central

Os presos são obrigados a andar com os braços para cima. Como se estivessem prestes a deixar o solo e tentassem sondar o vento.

Uma maçã valendo uma espiada, os soldados exibem Sonya, nua, sob um pôster que diz AS TROPAS LUTAM POR SUA LIBERDADE. A neve gira nas narinas dela. Os soldados circulam os olhos dela com lápis vermelho. O soldado jovem mira no círculo vermelho. Cospe. Outro mira. Cospe. A cidade assiste. Ao redor do seu pescoço, um aviso: RESISTI À PRISÃO.

Sonya olha para a frente, na direção dos soldados alinhados. De repente, desse silêncio surge sua voz: *A postos!* Os soldados erguem as espingardas ao comando dela.

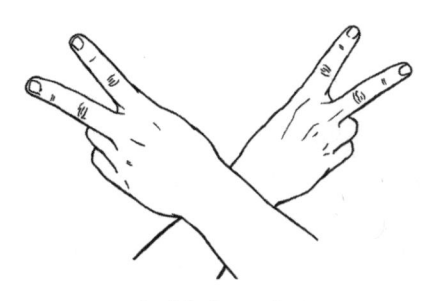

A cidade assiste

A Widower

Alfonso Barabinski stands in Central Square
without a shirt,

rakes up snow and throws it on
marching troops.

His mouth
drives the first syllable of his wife's name into walls—

He, on foot, a good mile and a half of wind,
sets off for the beach, on cobblestone streets, and stops every woman
                                        [he meets—

Alfonso Barabinski, vodka flask in his pocket, bites a hole in an apple
                                [and in that hole
he pours a shot of vodka—

and he drinks to our health—
a toast to his wife shot in the center of town where her body

lies down.
Alfonso Barabinski, a child in his arms, spray-paints on the sea wall:
    PEOPLE LIVE HERE—

Um viúvo

Alfonso Barabinski permanece na praça Central
sem camisa,

revolve e arremessa neve nas
tropas em marcha.

Sua boca
lança a primeira sílaba do nome da esposa contra as paredes —

Ele, a pé, dois quilômetros e meio de vento,
parte rumo à praia, pelas ruas de paralelepípedo, e aborda
[todas as mulheres que encontra —

Alfonso Barabinski, garrafa de vodca no bolso, morde uma
[maçã e nela faz um buraco no qual
serve uma dose de vodca —

e brinda *à nossa saúde* —
um brinde à sua esposa baleada no centro da cidade, onde o
[corpo

jaz.
Alfonso Barabinski, uma criança nos braços, grafita com spray
[no quebra-mar:
PESSOAS VIVEM AQUI —

like an illiterate
signing a document

he does not understand.

como um analfabeto
assinando um documento

que não consegue entender.

For His Wife

I am your boy
drowning in this country, who doesn't know

the word for drowning
and yells

I am diving for the last time!

Para sua esposa

Sou seu namorado
que, se afogando neste país, não conhece

a palavra *afogamento*
e grita

Estou mergulhando pela última vez!

I, This Body

I, this body into which the hand of God plunges,
empty-chested, stand.

At the funeral—
Momma Galya and her puppeteers rise to shake my hand.

I fold our child in a green handkerchief,
brief gift.

You left, my door-slamming wife; and I,
a fool, live.

But the voice I don't hear when I speak to myself is the clearest voice:
when my wife washed my hair, when I kissed

between her toes—
in the empty streets of our district, a bit of wind

called for life.
Wife taken, child

not three days out of the womb, in my arms, our apartment
empty, on the floor

the dirty snow from her boots.

Eu, este corpo

Eu, este corpo em que a mão de Deus se precipita,
de peito vazio, aguento.

No enterro —
Mamãe Galya e seus marionetistas vêm apertar minha mão.

Envolvo nossa filha em um lenço verde,
breve presente.

Você foi embora, minha esposa que bate portas; e eu,
um tolo, estou vivo.

Mas a voz que não ouço quando falo comigo mesmo é a mais
[límpida voz:
quando minha mulher lavava meus cabelos, quando eu beijava

seus pés, entre os dedos —
nas ruas vazias do nosso bairro, um pouco de vento

convocava a vida.
Esposa levada embora, bebê

nem três dias fora do útero, em meus braços, nosso apartamento
vazio, no chão

a neve suja das suas botas.

Her Dresses

Her bright dresses
with delicate zippers.

Her ironed
socks.

I stand by
the mirror.

Trying on my wife's red socks.

Seus vestidos

Seus vestidos brilhantes
com fechos delicados.

Suas meias
bem passadas.

Fico em frente
ao espelho.

Provando as meias vermelhas da minha esposa.

Elegy

Six words,
Lord:

please ease
of song

my tongue.

Elegia

Seis palavras,
Senhor, por favor:

míngua
a música

da minha língua.

Above Blue Tin Roofs, Deafness

Our boys want a public killing in the sunlit piazza.
They drag a drunk soldier, around his neck a sign:
  I ARRESTED THE WOMEN OF VASENKA.
The boys have no idea how to kill a man.
Alfonso signs, I will kill him for a box of oranges.
The boys pay a box of oranges.
He cracks a raw egg in a cup,
smells a trickle of oranges in the snow,
and he tosses the egg down his throat like a vodka shot.
He is washing his hands, he is putting on red
socks, he is putting his tongue where his tooth has been.
The girls spit in the soldier's mouth.
A pigeon settles on a stop sign, making it sway.
An idiot boy
whispers, Long Live Deafness! *and spits at the soldier.*
In the center of the piazza
a soldier on his knees begs as townspeople shake their heads, and
                              [*point at their ears.*
Deafness is suspended above blue tin roofs
and copper eaves; deafness
feeds on birches, light posts, hospital roofs, bells;
deafness rests in our men's chests.
Our girls sign, Start.
Our boys, wet and freckled, cross themselves.

Acima dos telhados de zinco azul, a surdez

Nossos garotos querem um assassinato público na piazza
[ensolarada.
Arrastam um soldado bêbado, ao redor do seu pescoço um
[aviso:
PRENDI AS MULHERES DE VASENKA.
Os garotos não têm ideia de como matar um homem.
Alfonso sinaliza: *Posso matá-lo por uma caixa de laranjas.*
Os garotos lhe pagam uma caixa de laranjas.
Ele quebra um ovo cru num copo,
sente o cheiro de laranja na neve,
e enfia o ovo goela abaixo, como se fosse uma dose de vodca.
Ele está lavando as mãos, está vestindo meias
vermelhas, está metendo a língua onde ficava seu dente.
As garotas cospem na boca do soldado.
Um pombo pousa em uma placa "pare", e a placa balança.
Um garoto idiota
sussurra *Vida longa à surdez!* e cospe no soldado.
No meio da piazza
um soldado implora de joelhos enquanto os moradores negam
[com a cabeça e apontam para as orelhas.
A surdez está suspensa acima dos telhados de zinco azul
e das calhas de cobre; a surdez
se alimenta de bétulas, postes de luz, telhados de hospital,
[campainhas;
a surdez descansa no peito dos nossos homens.
Nossas garotas sinalizam: *Começar.*
Nossos garotos, sarapintados de neve, fazem o sinal da cruz.

Tomorrow we will be exposed like the thin ribs of dogs
but tonight
we don't care enough to lie:
Alfonso jumps on the soldier, embraces him, cuts him to the lung.
The soldier flies about the sidewalk.
The town watches the loud animal bones
in their faces and smells the earth.
It is the girls who steal the oranges
and hide them in their shirts.

Amanhã estaremos tão expostos quanto as costelas magras

[dos cães,

mas esta noite
não nos preocupamos a ponto de mentir:
Alfonso ataca o soldado, o segura, perfura seu pulmão.
O soldado se contorce na calçada.
A cidade vê a crueza nos ossos do animal
escancarada e fareja a terra.
São as garotas que roubam as laranjas
e as escondem na camisa.

A City Like a Guillotine Shivers on Its Way to the Neck

Alfonso stumbles from the corpse of the soldier. The townspeople are cheering, elated, pounding him on the back. Those who climbed the trees to watch applaud from the branches. Momma Galya shouts about pigs, pigs clean as men.

At the trial of God, we will ask: why did you allow all this?
And the answer will be an echo: why did you allow all this?

A cidade estremece como uma guilhotina a caminho do pescoço

Alfonso tropeça no cadáver do soldado. Os moradores da cidade aclamam, eufóricos, batendo nas costas dele. Quem trepou nas árvores para enxergar melhor aplaude de cima dos galhos. Mamãe Galya grita pelos porcos, porcos limpos como homens.

No juízo de Deus, perguntaremos: por que permitiste tudo isso? E a resposta que virá será um eco: por que permitiste tudo isso?

In the Bright Sleeve of the Sky

> Is that you, little soul?
Sometimes at night I

light a lamp so as not
to see.

I tiptoe,
Anushka

drowsing
in my palms:

on my balding head, her bonnet.

No vívido invólucro do céu

          É você, pequena alma?
Às vezes à noite eu

acendo uma lâmpada para não
ver.

Ando na ponta dos pés,
Anushka

cochilando
nas minhas mãos:

na minha careca, o gorro dela.

To Live

To live is to love, the great book commands.
But love is not enough—

the heart needs a little foolishness!
For our child I fold the newspaper, make a hat

and pretend to Sonya that I am the greatest poet
and she pretends to be alive—

my Sonya, her stories and her eloquent legs,
her legs and stories that open other stories.

(Stop talking while we are kissing!)
I see myself—a yellow raincoat,

a sandwich, a piece of tomato between my teeth,
I hoist our infant Anushka to the sky—

(Old fool, *my wife might have laughed*)
I am singing as she pisses

on my forehead and my shoulders!

Viver

Viver é amar, decreta o grande livro.
Mas o amor não basta —

o coração precisa de um pouco de bobagem!
Para nossa filha eu dobro o jornal, faço um chapéu

e para Sonya finjo ser o maior poeta
e ela finge estar viva —

minha Sonya, suas histórias e pernas eloquentes,
suas pernas e histórias que desdobram outras histórias.

(*Pare de falar no meio do nosso beijo!*)
Eu me vejo — uma capa de chuva amarela,

um sanduíche, um pedaço de tomate entre os dentes,
ergo nossa pequena Anushka para o céu —

(*Bobalhão*, minha esposa deve ter dado risada)
Estou cantando e ela mija

na minha testa e nos meus ombros!

The Townspeople Watch Them Take Alfonso

Now each of us is
a witness stand:

Vasenka watches us watch four soldiers throw Alfonso Barabinski
                                        [on the sidewalk.
We let them take him, all of us cowards.

What we don't say
we carry in our suitcases, coat pockets, our nostrils.

Across the street they wash him with firehoses. First he screams,
then he stops.

So much sunlight—
a t-shirt falls off a clothesline and an old man stops, picks it up,
                                        [presses it to his face.

Neighbors jostle to watch him thrown on the sidewalk like a
                                        [vaudeville act: Ta Da.
In so much sunlight—

each of us
is a witness stand:

They take Alfonso
and no one stands up. Our silence stands up for us.

Os moradores da cidade veem Alfonso sendo levado

Agora cada um de nós é
uma testemunha:

Vasenka nos vê vendo quatro soldados derrubando Alfonso
                              [Barabinski na calçada.
Deixamos que o levem, todos nós uns covardes.

Aquilo que não dizemos
carregamos em nossas malas, nos bolsos dos casacos, em
                              [nossas narinas.

Do outro lado da rua lavam-no com mangueiras de incêndio.
                              [Primeiro ele grita,
depois para.

O sol batendo forte —
uma camiseta cai do varal e um velho para, pega e pressiona
                              [a peça contra o rosto.

Os vizinhos se espremem para vê-lo caído na calçada como
                              [um ato de vaudeville: *Tcharam.*
Sob o sol batendo forte —

cada um de nós
é uma testemunha:

Eles levam Alfonso
e ninguém se mexe. Nosso silêncio nos protege.

Away

A soldier marches away from us, carrying Sonya and Alfonso's orphan child. In Central Square, Alfonso hangs from a rope. Urine darkens his trousers.

The puppet of his hand dances.

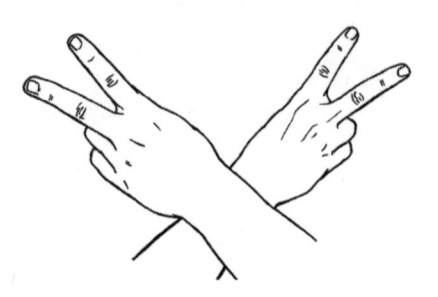

The town watches

Para longe

Um soldado marcha para longe de nós, levando a filha órfã de Sonya e Alfonso. Na praça Central, Alfonso está pendurado em uma corda. A urina escurece suas calças.

A marionete em sua mão dança.

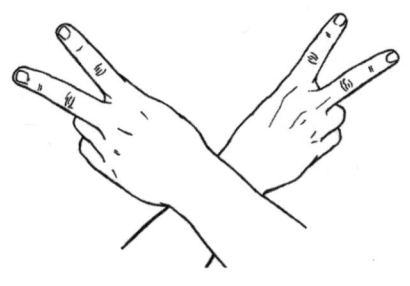

A cidade assiste

Eulogy

You must speak not only of great devastation—

we heard that not from a philosopher
but from our neighbor, Alfonso—

his eyes closed, he climbed other people's porches and recited
to his child our National Anthem:

You must speak not only of great devastation—
when his child cried, he

made her a newspaper hat and squeezed his silence
like two pleats of an accordion:

We must speak not only of great devastation—
and he played that accordion out of tune in a country

where the only musical instrument is the door.

Elogio fúnebre

Vocês não têm que falar só da grande devastação —

ouvimos isso não de um filósofo
mas do nosso vizinho, Alfonso —

de olhos fechados, ele escalou varandas de outras pessoas e
[declamou
para sua filha o Hino Nacional:

Vocês não têm que falar só da grande devastação —
quando sua filha chorou, ele

fez um chapéu de jornal para ela e comprimiu seu silêncio
como duas dobras de um acordeão:

Nós não temos que falar só da grande devastação —
e ele tocou aquele acordeão desafinado num país

onde o único instrumento musical é a porta.

Question

What is a man?
A quiet between two bombardments.

Pergunta

O que é um homem?
Um sossego entre dois bombardeios.

Such Is the Story Made of Stubbornness and a Little Air

Such is the story made of stubbornness and a little air—
a story signed by those who danced wordless before God.
Who whirled and leapt. Giving voice to consonants that rise
with no protection but each other's ears.
We are on our bellies in this quiet, Lord.

Let us wash our faces in the wind and forget the strict shapes of
[affection.
Let the pregnant woman hold something of clay in her hand.
She believes in God, yes, but also in the mothers
of her country who take off their shoes
and walk. Their footsteps erase our syntax.
Let her man kneel on the roof, clearing his throat
(for the secret of patience is his wife's patience).
He who loves roofs, tonight and tonight, making love to her and to
[her forgetting,
let them borrow the light from the blind.
There will be evidence, there will be evidence.
While helicopters bomb the streets, whatever they will open, will open.
What is silence? Something of the sky in us.

Esta é a história feita de teimosia e um pouco de ar

Esta é a história feita de teimosia e um pouco de ar —
uma história assinada por aqueles que dançaram mudos
                                        [diante de Deus.
Que rodopiaram e pularam, dando voz a consoantes que sobem
sem defesa a não ser dos ouvidos deles.
Estamos prostrados neste silêncio, Senhor.

Deixa-nos lavar o rosto ao vento e esquecer as formas estritas
                                        [de afeto.
Deixa a mulher grávida segurar algo feito de barro.
Ela acredita em Deus, sim, mas também nas mães
do seu país que tiram os sapatos
e caminham. Seus passos apagam nossa sintaxe.
Deixa o homem dela ajoelhar no telhado e soltar o pigarro.
(pois o segredo da paciência é a paciência da esposa dele).
Ele, que ama telhados, esta noite e esta noite, fazendo amor
                                        [com ela e o esquecimento dela,
deixa que compartilhem a luz dos cegos.
Haverá provas, haverá provas.
Enquanto os helicópteros bombardeiam as ruas, o que quer
                                        [que rompam, será rompido.
O que é o silêncio? Algo do céu em nós.

ACT TWO
The Townspeople Tell the Story of Momma Galya

SEGUNDO ATO
Os moradores da cidade contam a história da Mamãe Galya

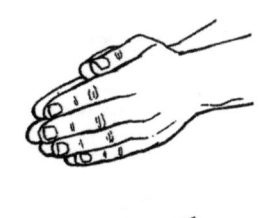

Story
História

Townspeople Speak of Galya on Her Green Bicycle

Momma Galya Armolinskaya, 53, is having more sex than
                                                    [any of us.
When she walks across the balcony

a soldier oh stands up,
another stands,
then the whole battalion.
We try not to look at her breasts—

they are everywhere,
nipples like bullets.

Wanting to arrest her,
the soldiers
visit her theater—and come back to her theater every night.

By day, Galya aims empty milk bottles at security checkpoints:
on a green bicycle
she flies over the country like
a tardy milkman,
a rim of ice on her bottle caps.

Galya Armolinskaya, the luckiest woman in our nation!
Your iron bicycle tearing with bright
whiskey anthems
through an advancing rank of soldiers into

Os moradores da cidade falam de Galya em sua bicicleta verde

Mamãe Galya Armolinskaya, 53, faz mais sexo que qualquer
[um de nós.
Quando ela cruza a sacada

um soldado *oh* se levanta,
outro se levanta,
depois todo o batalhão.
Tentamos não olhar para os seios dela —

eles estão em toda parte,
mamilos como projéteis.

Querendo prendê-la,
os soldados
inspecionam seu teatro — e retornam ao teatro todas as noites.

De dia, Galya mira os postos de controle com garrafas de leite
[vazias:
numa bicicleta verde
ela voa pelo país como
um leiteiro atrasado,
um aro de gelo na tampa das garrafas.

Galya Armolinskaya, a mulher mais sortuda da nação!
Sua bicicleta de ferro sai desenfreada ao som de canções
etílicas
em meio a uma fileira de soldados que avança à

*daylight. You pedal barefoot wearing just
shorts.*

And let the law go whistle.

luz do dia. Você pedala descalça vestindo apenas um short.

E a lei que vá se catar.

When Momma Galya First Protested

She sucks at a cigarette butt and yells
                              to a soldier,
              Go home! You haven't kissed your wife since
                              [Noah was a sailor!

Madame Momma Galya Armolinskaya, what would we give to ride
                                        [away from our
                      funerals
                    beside you, in a yellow taxi,
              two windows open,
                    leaving loaves of bread
              in the mailboxes
                    of the arrested.

Momma Galya Armolinskaya,
                         by the avenue's wet walls, yells:
              Deafness isn't an illness! It's a sexual position!

A young soldier patrolling a curfew
                    whispers,
              Galya Armolinskaya, yes, Galya Armolinskaya
       whipped a Lieutenant with the leash of his own patrol dog
              and there were thirty-two persons watching
                         (for a baker
                         insisted
       on bringing his sons).

Quando Mamãe Galya protestou pela primeira vez

Ela traga a bituca de um cigarro e grita
para um soldado:
Vá para casa! Você não beija sua esposa desde que
[Noé foi marinheiro!

Madame Mamãe Galya Armolinskaya, o que será que
[daríamos para fugir de nossos
funerais
ao seu lado, em um táxi amarelo,
duas janelas abertas,
deixando pães
nas caixas de correio
dos presos.

Mamãe Galya Armolinskaya,
diante dos muros molhados da
[avenida, grita:
Surdez não é doença! É uma posição sexual!

Um jovem soldado na ronda do toque de recolher
murmura,
Galya Armolinskaya, sim, Galya Armolinskaya
açoitou um tenente com a coleira do seu cão de guerra
e trinta e duas pessoas assistiram
(pois um padeiro
insistiu
em chamar seus filhos).

On a night like this God's got an eye on her
　　　　　　　but she isn't a sparrow.
　　　In a time of war

　　　she teaches us how to open the door
　　　　　and walk
　　　　　　through
　　　which is the true curriculum of schools.

Em uma noite como esta Deus está de olho nela
mas ela não coopera.
Em tempos de guerra

ela nos ensina a abrir a porta
e cruzar
o limiar
que é o verdadeiro currículo das escolas.

A Bundle of Laundry

In Central Square, an army checkpoint. Above the checkpoint, Alfonso's body still hangs from a rope like a puppet of wind. Inside the backroom of the checkpoint, the infant Anushka cries.

In front of the checkpoint, two of Momma Galya's puppeteers climb a park bench and start kissing, hands full of each other's hair. The soldiers are cheering them on and taking bets on how long they will last. The girls smile. Stop talking while we are kissing!

Unseen, Momma Galya exits the checkpoint with a bundle of laundry stolen from the Sergeant's clothesline, Anushka hidden in the linens. Snow pours out of the sun.

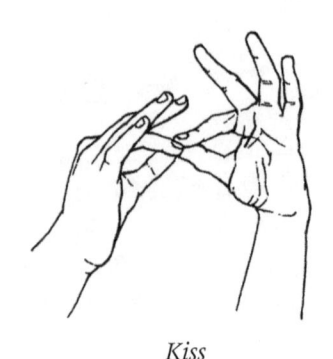

Kiss

Uma trouxa de roupa lavada

Na praça Central, um posto de controle do Exército. Acima do posto de controle, o corpo de Alfonso ainda pende de uma corda, como uma marionete ao vento. Nos fundos do posto, a bebê Anushka chora.

Em frente ao posto de controle, duas marionetistas da Mamãe Galya sobem num banco do parque e começam a se beijar, as mãos de uma nos cabelos da outra. Os soldados vibram com elas e apostam quanto tempo vão durar. As garotas riem. *Parem de falar no meio do nosso beijo!*

Sem ser vista, Mamãe Galya sai do posto de controle com uma trouxa de roupas roubadas do varal do Sargento, Anushka escondida entre os lençóis. A neve jorra do sol.

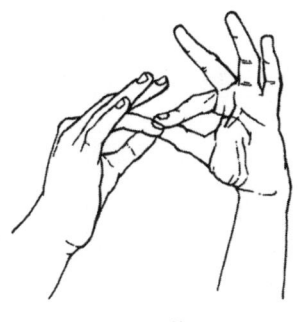

Beijo

What Are Days

Like middle-aged men,
the days of May
walk to prisons.
Like young men they walk to prisons,
overcoats
thrown over their pajamas.

O que são dias

Como homens de meia-idade,
os dias de maio
seguem para as prisões.
Como homens jovens eles seguem para as prisões,
casacos
por cima dos pijamas.

Galya Whispers, as Anushka Nuzzles

In our avenues, election posters show the various hairstyles
of a famous dictator—
and I, at 53
having given up thought of a child, I—(turning to my neighbors
                              [and shouting, Come here!
Come here!
Marvelous cretins!

She just pooped on the park bench, marvelous cretins!
Parenthood
costs us a little dignity)

—thank God.

Wind sweeps bread from market stalls, shopkeepers spill insults
and the wind already has a bike between its legs—

but when, with a laundry basket out in the streets, I walk,

the wind is helpless
with desire to touch these tiny bonnets and socks.

Galya sussurra, Anushka se aconchega

Nas nossas avenidas, cartazes eleitorais mostram os vários
[penteados
de um famoso ditador —
e eu, aos 53 anos
tendo desistido de pensar em filhos, eu — (me viro para os
[vizinhos e grito: *Venham cá!*
Venham cá!
Cretinos maravilhosos!

Ela acabou de fazer cocô no banco do parque, seus cretinos
[*maravilhosos!*
Ser pai ou mãe
nos custa um pouco de dignidade)

— graças a Deus.

O vento leva o pão das barracas da feira, os comerciantes
[despejam insultos
e o vento já tem uma bicicleta entre as pernas —

mas quando, com um cesto de roupa suja, eu caminho

o vento é indefeso
e deseja encostar nesses pequenos gorros e meias.

Galya's Puppeteers

Behind the curtains of the theater, a puppeteer glides her lips over the soldier Ivanoff's penis. He puts one hand on her hair and pulls her to him. She moves the hand away, still kissing him. When his hand is in her hair again, she stops, raises her eyes to him and signs, Be good. *He takes another swig from his vodka. She takes him in her mouth and closes her eyes. Slides, faster and faster.*

Beautiful are the women of Vasenka, beautiful. When she licks the palm of his hand, he laughs. When finally he passes out, she strangles him with a puppet-string. As the soldiers lined up downstairs raise a toast to Momma Galya, they don't see the puppeteers drag the body out back.

Beautiful are the women of Vasenka, beautiful.

Hello, love. *The door opens and she motions another soldier to come in.*

Be good

Marionetistas de Galya

Atrás das cortinas do teatro, uma marionetista desliza os lábios no pênis do soldado Ivanoff. Ele põe a mão nos cabelos dela e a puxa em sua direção. Ela tira a mão, ainda o beijando. Quando a mão dele está de novo em seus cabelos, ela para, ergue os olhos e sinaliza para ele: *Comporte-se*. Ele toma outro gole de vodca. Ela o toma na boca e fecha os olhos. Desliza, cada vez mais rápido.

São lindas as mulheres de Vasenka, lindas. Quando ela lambe a palma da mão dele, ele ri. Quando por fim ele capota, ela o estrangula com uma corda de marionete. Enquanto os soldados alinhados no andar de baixo brindam à Mamãe Galya, não veem que as marionetistas arrastam o corpo nos fundos.

São lindas as mulheres de Vasenka, lindas.

Oi, amor. A porta se abre e ela faz sinal para outro soldado entrar.

Comporte-se

In Bombardment, Galya

In the twenty-seventh day of aerial bombardment, I
have nothing except my body, and the walls of this empty apartment
[flap and flap like a lung.

How to say I only want some quiet; I, a deaf woman, want some quiet,
[I want some quiet;
I, in the middle of

the nursery where earth asks of me, earth asks of me
too much, I

(before I give up my hiccupping heart and sleep) count
our strength—a woman and a child.

This body I testify from is a binoculars through which you watch,
[God—
a child clutches a chair,

while the soldiers (their faces are molded from inside by words)
[arrest all my people, I
run and the flag is the towel the wind dries its hands on.

While they tear off the doors to my empty
apartment—I am in another apartment smiling as the child clutches
[a chair,

No bombardeio, Galya

No vigésimo sétimo dia de bombardeio aéreo, eu
não tenho nada a não ser meu corpo, e as paredes deste
       [apartamento vazio oscilam como um pulmão.

Como posso dizer que só quero algum sossego; eu, uma
     [mulher surda, quero algum sossego, algum sossego;
eu, no meio do

quarto do bebê, onde a terra exige de mim, a terra exige de mim
coisas demais, eu

(antes que desista do meu coração soluçante e durma) calculo
nossa força — uma mulher e uma criança.

Este corpo que testemunho é um binóculo pelo qual tu vês,
                       [Deus —
uma criança se agarra a uma cadeira,

enquanto os soldados (o rosto deles é moldado por dentro, por
         [palavras) prendem todo o meu povo, eu
corro, e a bandeira é a toalha em que o vento enxuga as mãos.

Enquanto eles arrancam as portas do meu apartamento
vazio — estou em outro apartamento sorrindo, enquanto a
             [criança se agarra a uma cadeira,

wobbles
toward you and me, God.

I clap and cheer
her first steps,

her first steps, exposed like everybody.

cambaleia
diante de ti e de mim, Deus.

Aplaudo e vibro com
seus primeiros passos,

seus primeiros passos, desprotegida como todo mundo.

The Little Bundles

While the days of June like middle-aged men
walk to prisons
I cut Anushka's hair:
on her shoulder
on her shoulder
the little bundles pile up.

•

I am mortal—
I nap.

•

Anushka, your pajamas—
they are the final meanings of my life.

To get you into your pajamas,
Anushka!

So much to live for.

•

To bed, Anushka!

As pequenas mechas

Enquanto os dias de junho, como homens de meia-idade,
seguem para as prisões,
eu corto os cabelos de Anushka:
no ombro
no ombro
as mechas se amontoam.

•

Sou mortal —
cochilo.

•

Anushka, seu pijama —
É o propósito da minha vida.

Fazer você vestir o pijama,
Anushka!

Tantos motivos para viver.

•

Para a cama, Anushka!

I am not deaf
I simply told the world

to shut off its crazy music for a while.

Não sou surda
apenas pedi ao mundo

que desligasse por um tempo sua música insana.

Galya's Toast

To your voice, a mysterious virtue,
to the twenty-six bones of one foot, the four dimensions of breathing,

to pine, redwood, sword fern, peppermint,
to hyacinth and bluebell lily,

to the train conductor's donkey on a rope,
to the smell of lemons, a boy pissing splendidly against the trees.

Bless each thing on earth until it sickens,
until each ungovernable heart admits: I confused myself

and yet I loved—and what I loved
I forgot, what I forgot brought glory to my travels,

to you I traveled as close as I dared, Lord.

O brinde à Galya

À sua voz, virtude misteriosa,
aos vinte e seis ossos de um pé, às quatro dimensões da
[respiração,

ao pinheiro, à sequoia, às samambaias, à hortelã,
ao jacinto e à campânula azul,

ao burrico do cobrador de trem preso a uma corda,
ao cheiro dos limões, um menino que mija com esplendor
[nas árvores.

Abençoe cada coisa na Terra até que essa coisa adoeça,
até que cada coração indomável admita: *eu me confundi*

e ainda assim amei — e o que amei
esqueci, o que esqueci trouxe glória às minhas viagens,

até ti viajei tão perto quanto ousei, Senhor.

Theater Nights

On the stage of Galya's theater, a woman bends to cover her coy knees, showing the audience of soldiers the burlesque of her cleavage.

Around her, the stage darkens. The puppeteers drag another strangled soldier into an alleyway.

In the center of the stage Momma Galya strikes a match.

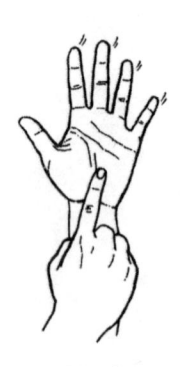

Match

Noites de teatro

No palco do teatro da Galya, uma mulher se faz de recatada ao se inclinar para cobrir os joelhos, exibindo seu decote extravagante para os soldados da plateia.

Ao redor dela, o palco escurece. As marionetistas arrastam outro soldado estrangulado para um beco.

No meio do palco, Mamãe Galya acende um fósforo.

Fósforo

And While Puppeteers Are Arrested

silence?
it is a stick I beat you with, I beat you with a stick, voice, beat you

until you speak, until you
speak right.

E enquanto prendem marionetistas

silêncio?
é a vara com que bato em você, bato com a vara, voz, bato
[em você

até você falar, até você
falar direito.

Soldiers Don't Like Looking Foolish

Morning. Someone scribbles the names of the arrested and nails the
                                                        [list to the wall.
Some names are illegible, just a squiggle, a mustache.

We see Galya's finger tremble down the list.

After detaining every woman on Tedna Street for what Galya's girls
did to soldier Ivanoff, *the army begins to bomb a new store each
morning* for what Galya's girls did to soldier Petrovich, for what
Galya's girls did to soldier Debenko.

The streets empty.

A vegetable kiosk explodes, a tomato flies toward us and falls apart in
                                                        [the wind.

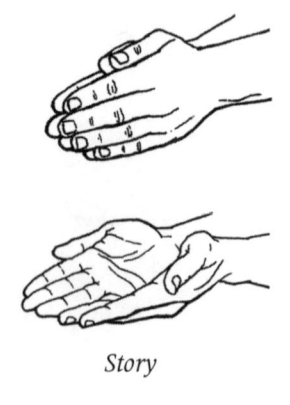

Story

Soldados não gostam de parecer idiotas

De manhã. Alguém rabisca os nomes dos presos e prende a
[lista na parede.
Alguns nomes estão ilegíveis, são apenas um garrancho, um
[borrão.
Vemos o dedo de Galya tremer percorrendo a lista.

Depois de prender todas as mulheres da rua Tedna *pelo que as
garotas de Galya fizeram com o soldado Ivanoff*, o Exército passa a
bombardear mais uma loja a cada manhã *pelo que as garotas de
Galya fizeram com o soldado Petrovich, pelo que as garotas de Galya
fizeram com o soldado Debenko*.

As ruas ficam vazias.

Uma barraca de legumes explode, um tomate voa em nossa
[direção e se despedaça no vento.

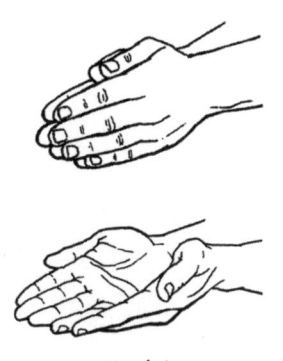

História

Search Patrols

I cover the eyes of Gena, 7, and Yasha, 9,
as their father drops his trousers to be searched, and his flesh shakes

and around him:
silence's gross belly flaps. The crowd watches.

The children watch us watch:
soldiers drag a naked man up the staircase. I teach his children's
                                [hands to make of anguish

a language—
see how deafness nails us into our bodies. Anushka

speaks to homeless dogs as if they are men,
speaks to men

as if they are men
and not just souls on crutches of bone.

Townspeople
watch children but feel under the bare feet of their thoughts

the cold stone of the city.

Patrulhas de busca

Cubro os olhos de Gena, 7, e Yasha, 9,
quando o pai deles baixa as calças para ser revistado, e seu
[corpo treme

e ao seu redor:
oscila a pança repulsiva do silêncio. A multidão vê.

As crianças nos veem vendo:
soldados arrastam um homem nu escada acima. Ensino as
[mãos dos filhos dele a fazer da angústia

uma língua —
veja como a surdez nos prende em nosso corpo. Anushka

fala com cães abandonados como se fossem homens,
fala com homens

como se fossem homens
e não só almas em muletas de osso.

Os moradores da cidade
veem as crianças, mas sob os pés descalços de seus pensamentos

sentem a pedra fria da cidade.

Lullaby

I look at you, Anushka,
and say

to the late
caterpillars

goodmorning, Senators!
This is a battle

worthy
of our weapons!

Cantiga de ninar

Olho você, Anushka,
e alerto

as lagartas
atrasadas

bom dia, senadores!
Esta é uma batalha

digna
de nossas armas!

Firing Squad

On balconies, sunlight. On poplars, sunlight, on our lips.
Today no one is shooting.
A girl cuts her hair with imaginary scissors—
the scissors in sunlight, her hair in sunlight.
Another girl nicks a pair of shoes from a sleeping soldier, skewered
                                                    [with light.
As soldiers wake and gape at us gaping at them,
what do they see?
Tonight they shot fifty women on Lerna Street.
I sit down to write and tell you what I know:
a child learns the world by putting it in her mouth,
a girl becomes a woman and a woman, earth.
Body, they blame you for all things and they
seek in the body what does not live in the body.

Pelotão de fuzilamento

Nas sacadas, luz do sol. Nos choupos, luz do sol, em nossos
                                                    [lábios.
Hoje ninguém está atirando.
Uma garota corta os cabelos com uma tesoura imaginária —
a tesoura à luz do sol, seus cabelos à luz do sol.
Outra garota rouba os sapatos de um soldado adormecido,
                                        [transpassado pela luz.
Quando os soldados acordam e nos olham pasmos olhando
                                        [pasmos para eles,
o que veem?
Esta noite eles atiraram em cinquenta mulheres na rua Lerna.
Eu me sento para escrever e contar o que sei:
uma criança descobre o mundo metendo-o na boca,
uma menina se torna mulher, e uma mulher, terra.
Corpo, eles culpam você por tudo e
procuram no corpo o que não vive no corpo.

Question

What is a woman?
A quiet between two bombardments.

Pergunta

O que é uma mulher?
Um sossego entre dois bombardeios.

Yet, I Am

Yet, I am. I exists. I has
a body.
When Anushka

takes my finger
in her mouth, she
bites.

How do we live on earth, child?
If I could hear
you, what would you say?

Your answer!

On earth we can do
—can't we?—

what we want.

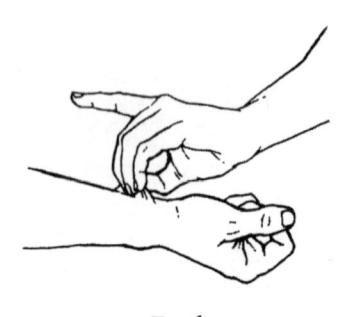

Earth

Ainda assim, eu sou

Ainda assim, eu sou. O eu existe. O eu tem
um corpo.
Quando Anushka

leva meu dedo
à sua boca, ela
morde.

Como vivemos na terra, filha?
Se eu pudesse ouvir
você, o que você diria?

Sua resposta!

Na terra podemos fazer
— não podemos? —

o que quisermos.

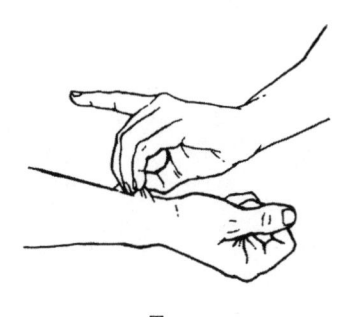

Terra

The Trial

Wearing a child like a broken arm, Galya sidles through Central Square. Of the buildings bombed on Tedna Street, only door frames are left standing. Doors and puppets dangling from their handles, a puppet for every shot citizen.

From the sidewalks, neighbors watch two women step in front of Galya. My sister was arrested because of your revolution, *one spits in her face. Another takes her by the hair,* I will open your skull and scramble your eggs! *They grab Anushka, then drag Galya behind the bakery.*

The market fills with shopkeepers yawning and unpacking their wares. The stallkeepers sweep. Galya stumbles out from the alley, clutching first one neighbor, then another. She runs after the woman holding Anushka. They push her away with their brooms.

She shouts.

They point to their ears.

Gracefully, our people shut their windows.

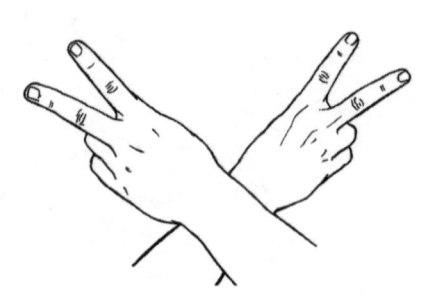

The crowd watches

O julgamento

Carregando uma criança como se fosse um braço quebrado, Galya aperta o passo na praça Central. Dos prédios bombardeados na rua Tedna, só restaram de pé os batentes das portas. Portas e marionetes pendem nas maçanetas, uma marionete a cada cidadão fuzilado.

Das calçadas, os vizinhos observam duas mulheres indo de encontro a Galya. *Minha irmã foi presa por causa da sua revolução*, uma diz e cospe na cara dela. A outra puxa os cabelos dela: *Vou espancar sua cabeça até você ficar demente!* Elas pegam Anushka e arrastam Galya para os fundos da padaria.

A feira está cheia de comerciantes que aos bocejos desembrulham suas mercadorias. Os feirantes varrem. Galya sai do beco cambaleando, agarra-se a um vizinho, depois a outro. Ela corre atrás da mulher que pegou Anushka. Eles a empurram com suas vassouras.

Ela grita.

Eles apontam para os ouvidos.

O público, graciosamente, fecha suas janelas.

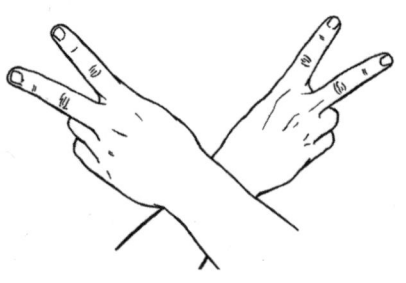

A multidão assiste

Pursued by the Men of Vasenka

We see her zigzag between us in the street—
her face slashed

like a zipper stuck in her coat—
My dear neighbors! *she yells,*

My dear neighbors! Marvelous cretins!
She yells at us like that.

Dig a good hole!
Lay me nostrils up

and shovel in my mouth the decent black earth.

Perseguida pelos homens de Vasenka

Ela ziguezagueia na rua por entre nós —
os rasgos no rosto

como um zíper emperrado em seu casaco —
Meus queridos vizinhos! ela grita,

Meus queridos vizinhos! Cretinos maravilhosos!
Ela grita assim conosco.

Cavem uma boa cova!
Ponham-me de narinas para cima

e metam na minha boca a boa terra negra.

Anonymous

And as for Momma Galya's coffin, it got chocked
in the stairwell and we had to carry it upside down.

There were too many bodies and
not enough people—
too many ears and no one attached to them.

In this time
each person does something for our country.
Some die.
Others give speeches.

Too many people and not enough hands
to wash Momma Galya's body and trim her fingernails—
the last
courtesy
shown in our land.

Today
I have to screw on the expression of a person

though I am at most an animal
and the animal I am spirals

from the funeral to his kitchen, shouts: I have come, God, I have
                              [come running to you—
in snow-drifted streets, I stand like a flagpole

without a flag.

Anônimo

Já o caixão de Mamãe Galya ficou emperrado
na escada e tivemos que carregá-lo de cabeça para baixo.

Havia corpos demais e
poucas pessoas —
muitos ouvidos e ninguém ligado a eles.

Neste momento
cada pessoa faz uma coisa pelo nosso país.
Algumas morrem.
Outras discursam.

Gente demais e poucas mãos
para lavar o corpo de Mamãe Galya e aparar suas unhas —
a última
cortesia
de nosso país.

Hoje
tenho que fixar a expressão de uma pessoa

embora eu seja no máximo um animal
e o animal que sou se retorce

do funeral à cozinha, e grita: *Eu vim, Deus, vim correndo a ti* —
nas ruas cobertas de neve, me ergo como um mastro

sem bandeira.

And Yet, on Some Nights

Our country has surrendered.

Years later, some will say none of this happened; the shops were open, we were happy and went to see puppet shows in the park.

And yet, on some nights, townspeople dim the lights and teach their children to sign. Our country is the stage: when patrols march, we sit on our hands. Don't be afraid, *a child signs to a tree, a door.*

When patrols march, the avenues empty. Air empties, but for the squeaks of strings and the tap tap *of wooden fists against the walls.*

E ainda assim, certas noites

Nosso país se rendeu.

Anos depois, alguns dirão que nada disso aconteceu; as lojas estavam abertas, éramos felizes e íamos pro parque ver espetáculos de marionete.

E ainda assim, certas noites, os moradores da cidade apagam as luzes e ensinam aos filhos a língua de sinais. Nosso país é o palco: quando as patrulhas avançam, nos sentamos sobre as mãos. *Não tenha medo*, uma criança sinaliza para uma árvore, uma porta.

Quando as patrulhas avançam, as avenidas esvaziam. O ar se esvazia, a não ser pelos rangidos das cordas e o *toc toc* dos punhos de madeira batendo nas paredes.

We are sitting in the audience, still. Silence, like the bullet that's

[missed us, spins—

Estamos sentados na plateia, quietos. O silêncio, como a bala
[que não nos atingiu, gira —

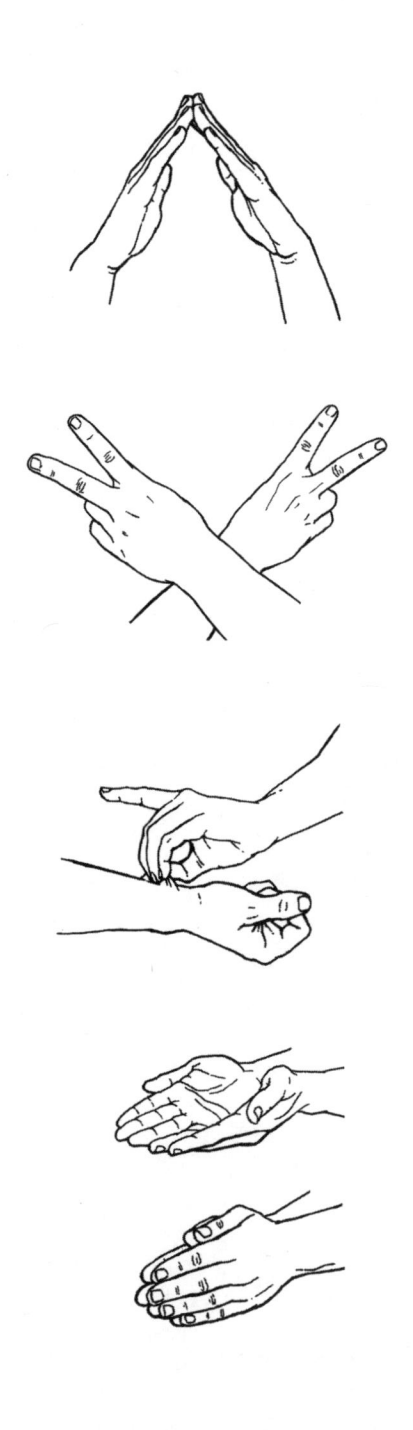

In a Time of Peace

Inhabitant of earth for fortysomething years
I once found myself in a peaceful country. I watch neighbors open

their phones to watch
a cop demanding a man's driver's license. When the man reaches for
                                            [his wallet, the cop
shoots. Into the car window. Shoots.

It is a peaceful country.

We pocket our phones and go.
To the dentist,
to pick up the kids from school,
to buy shampoo
and basil.

Ours is a country in which a boy shot by police lies on the pavement
for hours.

We see in his open mouth
the nakedness
of the whole nation.

We watch. Watch
others watch.

Em tempos de paz

Habitante da Terra há quarenta e tantos anos
uma vez estive num país pacífico. Vejo os vizinhos pegarem

o celular para ver
um policial exigindo a carteira de motorista de um cara.
        [Quando o cara está pegando a carteira, o policial
atira. Na janela do carro. Atira.

É um país pacífico.

Metemos o celular no bolso e vamos embora.
Para o dentista,
buscar as crianças na escola,
comprar xampu
e manjericão.

No nosso país um garoto que leva um tiro da polícia fica
                                [largado na calçada
por horas.

Vemos em sua boca aberta
a nudez
de toda a nação.

Ficamos vendo. Vendo
os outros vendo.

The body of a boy lies on the pavement exactly like the body of a boy—

It is a peaceful country.

And it clips our citizens' bodies
effortlessly, the way the President's wife trims her toenails.

All of us
still have to do the hard work of dentist appointments,
of remembering to make
a summer salad: basil, tomatoes, it is a joy, tomatoes, add a little salt.

This is a time of peace.

I do not hear gunshots,
but watch birds splash over the backyards of the suburbs. How
                                            [bright is the sky
as the avenue spins on its axis.
How bright is the sky (forgive me) how bright.

O corpo de um menino jaz na calçada exatamente como o
       [corpo de um menino —

É um país pacífico.

Que esquarteja o corpo dos nossos cidadãos
na maior facilidade, do jeito que a esposa do presidente apara
        [as unhas dos pés.

Todos nós
ainda temos de fazer o esforço de ir ao dentista,
de lembrar de fazer
uma salada de verão: manjericão, tomates, é uma alegria,
     [tomates, adicione uma pitada de sal.

Estes são tempos de paz.

Não ouço tiros,
mas vejo pássaros espalhados nos quintais dos subúrbios.
       [Como brilha o céu
quando a avenida gira em seu próprio eixo.
Como brilha o céu (perdoe-me) como brilha.

Notes

ON SIGNS: In Vasenka, the townspeople invented their own sign language. Some of the signs derived from various traditions (Russian, Ukrainian, Belarusian, American Sign Language, etc.). Other signs might have been made up by citizens, as they tried to create a language not known to authorities.

ON SILENCE: The deaf don't believe in silence. Silence is the invention of the hearing.

Notas do autor

SOBRE OS SINAIS: Os moradores da cidade de Vasenka inventaram sua própria língua de sinais. Alguns sinais derivam de tradições variadas (russa, ucraniana, bielorrussa, língua de sinais norte-americana etc.). Outros devem ter sido inventados pelos cidadãos, já que tentaram criar uma língua que as autoridades não conhecessem.

SOBRE O SILÊNCIO: Os surdos não acreditam no silêncio. O silêncio é invenção dos ouvintes.

Agradecimentos

"Vivemos felizes durante a guerra" é para Eleanor Wilner.
"Tiro" é para Jericho Brown.
"Começa a surdez, uma insurgência" é para Boris e Ludmila Khersonsky.
"Aquele mapa de osso e válvulas abertas" é para Brian Turner.
"Bombardeio às quatro da manhã" é para Denis Johnson.
"Um cigarro" é para Sherhiy Zhadan.
"Pelotão de fuzilamento" é para Garth Greenwell.
"Em tempos de paz" é para Carolyn Forché e Patricia Smith.

Todos os poemas de amor são para Katie Farris.

Agradeço aos editores das revistas em que foram publicados alguns poemas deste livro, muitas vezes em versões diferentes: *Alaska Quarterly Review, The American Poetry Review, The Café Review, Columbia: A Journal of Literature and Art, Cork Literary Review, Gulf Coast, Harvard Review, Image, The Kenyon Review, Lana Turner, The Massachusetts Review, McSweeney's, The New Yorker, A Public Space, Ploughshares, Poetry, Poetry Review* (Reino Unido), *Poetry Wales, Runes, Seneca Review, The Shop* (Irlanda), *Spillway, Wolf* e *World Literature Today*.
Agradeço também aos editores das seguintes antologias,

que incluíram alguns poemas deste livro: *The Best American Poetry* (Scribner, 2018), *American Journal: Fifty Poems for Our Time* (Graywolf, 2018), *Resistance, Rebellion, Life: 50 Poems Now* (Knopf, 2017), *Poems for Political Disaster* (Boston Review, 2017), *The Mighty Stream: Poems in Celebration of Martin Luther King* (Bloodaxe Books, 2017), *Liberation: New Works on Freedom from Internationally Renowned Poets* (Beacon Press, 2015), *The Wolf Anthology* (Wolf, 2012), *Sunken Garden Poetry: 1992-2011* (Wesleyan University Press, 2012), *Pushcart Prize Anthology* (Pushcart Press, 2012), *I Go to the Ruined Place: Contemporary Poems in Defense of Global Human Rights* (Lost Horse Press, 2010), *New Poets of the American West* (Many Voices Press, 2010), *Between Water and Song: New Poets for the Twenty-First Century* (White Pine Press, 2010), *13 Younger Contemporary American Poets* (Proem Press, 2009), *From the Fishouse: An Anthology of Poems That Sing, Rhyme, Resound, Syncopate, Alliterate, and Just Plain Sound Great* (Persea Books, 2009), e da série *Poem-a-Day*, da Academy of American Poets.

Agradeço aos que me ajudaram a me tornar uma pessoa e um escritor melhores: Kaveh Akbar, Sandra Alcosser, Hari Alluri, Catherine Barnett, Polina Barskova, Calvin Bedient, Sherwin Bitsui, Malachi Black, Jericho Brown, James Byrne, Ali Calderon, Victoria Chang, Adam Davis, Kwame Dawes, Chard DeNiord, Ming Di, Blas Falconer, Carolyn Forché, Katie Ford, Jeff Friedman, Carol Frost, Rachel Galvin, Forrest Gander, David Gewanter, Garth Greenwell, Edward Hirsch, Jane Hirshfield, J. Hope Stein, Lizz Huerta, Ishion Hutchinson, Susan Kelly DeWitt, David Keplinger, Kerry Keys, Suji Kwock Kim, Steve Kowitt, Li-Young Lee, Dana Levin, Jeffrey Levine, James Longenbach, Thomas Lux, Ruth Madievsky, Nikola Madzirov, Dora Malech, David Tomas Martinez, David Matlin, Philip Metres, Malena Mörling, Valzhyna Mort,

Mihaela Moscaliuc, Sandeep Parmar, Charles Pratt, Mary Rakow, Tomaž Šalamun, Jim Schley, Don Share, Charles Simic, Peter Streckfus, Sam Taylor, Susan Terris, Katherine Towler, Brian Turner, Jean Valentine, Alissa Vales, Adam Veal, G. C. Waldrep, Michael Waters, Karry Wayson, Eleanor Wilner, Christian Wiman, Adam Zagajewski e Matthew Zapruder.

Obrigado também a Jennifer Whitten e Gail Schneider por me presentearem com sua arte.

Agradeço o apoio da Fundação Guggenheim, Fundação Lannan, Poetry Foundation, Whiting Foundation, MacDowell, Virginia Center for Creative Arts, Vermont Studio Center e Tupelo Press.

Minha mais profunda gratidão à Graywolf Press e especialmente a Jeff Shotts por sua fé neste livro.

Agradeço imensamente a Matthew Hollis e Lavinia Singer, bem como a toda a equipe da Faber and Faber, por terem acreditado neste trabalho.

Nota da tradutora

Kaminsky não indica as referências dos poemas diretamente, mas ao longo da tradução algumas delas me chamaram a atenção e merecem um breve comentário. Ele cita versos de Shakespeare, de quem é leitor assíduo, como já afirmou em entrevistas. O poema que abre o segundo ato, "Os moradores da cidade falam de Galya em sua bicicleta verde" (p. 103), termina com um trecho da peça *The Winter's Tale* (*Conto de inverno*): "*let the law go whistle*" (quarto ato, cena quatro). Entre as traduções publicadas no Brasil, a força da expressão "que vá se catar", usada por Beatriz Viégas-Faria (L&PM), se adequou bem ao verso de Kaminsky. O trecho completo da tradução era bem mais extenso que o do texto-fonte — "é só deixar a lei seguir seu próprio caminho e que vá se catar" — e optei por condensá-lo, dizendo "e a lei que vá se catar".

No poema seguinte, "Quando Mamãe Galya protestou pela primeira vez" (p. 107), a primeira estrofe traz, com uma pequena diferença, outra expressão de Shakespeare: "*since before Noah was a sailor*", da peça *Twelfth Night* (*Noite de reis*), terceiro ato, cena dois. A tradução de Barbara Heliodora (Nova Fronteira), assim como a de Viégas-Faria (L&PM), diz: "desde antes de Noé ser marinheiro". Traduzi o trecho adaptado de Kaminsky (ele exclui o "*before*") para "desde que Noé foi marinheiro". Já a frase "Nosso país é o palco", que abre o poema "Tiro" (p. 21) e reaparece no poema "E ainda assim, certas noites" (p. 151), também remete a Shakespeare: na peça *As*

You Like It (*Como gostais*), há o verso "*All the world's a stage*" (segundo ato, cena sete), traduzido por Viégas-Faria (L&PM), para "O mundo inteiro é um palco".

Por fim, na primeira estrofe do poema "O que não podemos ouvir" (p. 65), "*one morning, one morning, one morning in May, one dime-bright morning*—", Kaminsky traz o verso de uma tradicional canção folk inglesa do século XVII sobre o encontro de um soldado com uma moça. A canção teve diferentes versões e foi gravada por vários artistas, como Jean Ritchie e James Taylor. Ao traduzir, devido a questões rítmicas, optei por suprimir duas vezes o artigo "uma", obtendo cinco partes tetrassilábicas (dois coriambos, e depois três pares de pés jâmbicos): "uma manhã, uma manhã, manhã de maio, manhã brilhante que nem moeda —".

ESTA OBRA FOI COMPOSTA POR ACOMTE EM MERIDIEN E IMPRESSA PELA
LIS GRÁFICA EM OFSETE SOBRE PAPEL PÓLEN BOLD DA SUZANO S.A.
PARA A EDITORA SCHWARCZ EM ABRIL DE 2023